Lyrik-Lesung 1

Lyrik-Lesung 1

Dichterstuben
Eine Auswahl

von Helmut Barthel

im Kulturcafé Komm du
am 29. Mai 2013

Helmut Barthel, »Lyrik-Lesung 1«
© Helmut Barthel
Alle Rechte vorbehalten

Rechte für diese Ausgabe:
MA-Verlag, Stelle-Wittenwurth
ma-verlag@gmx.de
2. Auflage 2016

Satz, Layout und Umschlaggestaltung:
MA-Verlag
Bildnachweis: © MA-Verlag

ISBN 978-3-925718-29-8

Sturm

Welche Freundschaft und Umarmung,
wenn der Sturm die Wolken weht,
und der Himmel ohne Warnung
immer wieder neu entsteht.

Welches Treffen alter Wesen,
urverbunden, wortlos echt,
hab'n die Zukunft schon gelesen
vor dem menschlichen Geschlecht.

(Herbst 1986)

Inhalt

Afrika irgendwo   13

Das blaue Hemd   17
Die grüne Haube   19
Der Nasenzwerg   21
Post am Pol   23
Himmelsruf   25
Morgentau   27
Lichtgeburt   29

Das Puck-Gebet   31
Ich liebe dich   33
Der Hügel   35
Heimat   37
Teufelchen   39
ApoAgitProp Ballade   43
Erschrocken   49
Bitteres Vergißmeinnicht   51
Räuberballade   53
Zu alt   57
Fuchsvermächtnis   61

Hexen   65
Die Nornen   69
Windgeflüster   71
Flugtraum   75
Fürchte dich   79
Ruf des Blutes   81
Ausbruch   85

Klabautermann   89
Wasser   93

Kleines Feuer   97
Zeit mit Hut   99
Fluctui   101
Hirsekorn   105
Trollheim   109
Erlkönig   115

Verloren   119
Danach   123
Halali   127
Der Held   131
Der Mantel   133
Das kalte Dach   137
Rotmütz'   141
Der schwarze Karfunkel   145
Die Geldfabel   149
Hüte dich   153
Zwergschaft   157
Alter Zorn   163
Wölfe   167

Leise   169
Bete aufrecht   173

Wer sagt …   175
Eisentanz und Firlefanz   179

Menschenrecht   183
Das Lied   187
Sturm   191
Wegzehrung   193

Afrika irgendwo

Es waren seine Augen,
gerichtet auf die Leere,
die zum Kontakt nicht taugen,
selbst wenn da jemand wäre,

ein Schatten aus dem Dunkel,
ein Lumpentuch mit Haut,
ein knochiger Furunkel,
der sich fast selbst verdaut,

vom Elend noch ein wenig,
denn es ist bald vorbei,
verhungert, mager, sehnig,
von allen Wünschen frei.

Da saß es nun vergessen
an einer Häuserwand,
hat' nicht nur nicht zu essen,
es fehlt' ihm auch die Hand

zu stützen und zu führen,
wie es die Kleinsten brauchen,
und Lebenslust zu schüren,
in Phantasie zu tauchen,

ein bißchen nur von dem,
was jeder von uns kennt,
befreit von Schmutz und Lehm
und von dem Schmerz, der brennt.

Ich greife nach dem Etwas,
dem Kind, zwei Jahre alt,
das zuckt, weil ich es anfaß,
als tät ich ihm Gewalt.

Auch aus dem Spendentöpfchen
der kleine Teddybär
erregt nicht mal sein Köpfchen,
es ist ihm schon zu schwer.

Ich wollt' dem Kinde sagen,
ich sei für Mama da,
um es nach Haus zu tragen,
als ich es endlich sah,

wie sich die Augen drehen,
verweigern sich dem Brot,
und geben zu verstehen,
die Mama ist schon tot.

(17. Oktober 2003)

Das blaue Hemd

Ein Mann mit einer weißen Hose
und blauem Hemd mit weißem Schlips
lädierte sich an einer Dose
den kleinen Kopf und seinen Grips.

Er konnte nicht mehr recht verstehen,
das Sprechen fiel ihm äußerst schwer,
er stolperte fortan beim Gehen
und hatte keine Peilung mehr.

Man sieht ihn durch die Straßen laufen,
als ob er ständig etwas sucht,
und grundlos sich die Haare raufen,
derweil er laut vernehmlich flucht.

Genauso grundlos lacht er auch,
die Leute bleiben stehen,
dabei hält er sich seinen Bauch
beim Gackern und zum Krähen.

Nicht, daß das irgendwen erschreckt,
wenn er plötzlich im vollen Lauf
die Menschen aus den Träumen weckt,
er fällt jedoch damit schon auf.

Nun, wichtig bleibt am guten Ende
das blaue Hemd, die weiße Hose,
der weiße Schlips und seine Hände,
mit denen er sie trägt, die Dose.

(26. November 2006)

Die grüne Haube

Ein brauner Bär,
ein weißer Fisch
und eine rote Taube,
die fragen, wer
der gelbe Tisch
sei mit der blauen Schraube.

"Es ist ein Tisch
und nicht ein Wer
mit einer blauen Schraube",
sag' ich zum Fisch
und zu dem Bär
und zu der roten Taube.

Der Bär fragt: "So?"
Der Fisch, er lacht.
Es gurrt die rote Taube.
Und ich bin froh
und lupfe sacht
vom Kopf die grüne Haube.

(16. Februar 2008)

Der Nasenzwerg

Es hatte einst ein Gartenzwerg
einen zu großen Zinken,
er stand auf einem Kompostberg
und mußte mit ihm stinken.

Es ekelte ihn dieser Ort,
ihm war so recht zum Kotzen,
er wünschte sich wohl sehnlichst fort,
doch blieb ihm nur zu glotzen.

Bis sich der Himmel selbst erbarmte,
und ihn und seinen großen Zinken
mit einem Regenguß umarmte,
so konnt' er im Kompost versinken.

(10. August 2006)

Post am Pol

Schon vor der Schule hatte ich
zum Südpol einen Briefkontakt
mit Pingi, ich erinner' mich,
es war ein echter Kinderpakt.

Zuerst durft' ich ihm Bilder malen
auf Briefpapier und Karten,
schon bald dann auch die ersten Zahlen
und Früchte aus dem Garten.

Oft, da bekam ich Post zurück
mit Federwasserzeichen,
und Mutter las sie vor, zum Glück,
das mußte für mich reichen.

Doch gleich mit meinem Schulbeginn
wollt' ich mich nicht mehr mühen,
das Schreiben fraß den Malbriefsinn
und sein geheimes Glühen.

Im Jahre zwölf hab' ich zuletzt,
wohl um die Kindheit zu sortieren,
noch einmal eines aufgesetzt,
ein Schreiben zu den Südpoltieren.

Retour und unbekannt verzogen
kam 's spät und unversehrt zurück.
Die Post hat sicher nicht gelogen,
doch auch die Mutter nicht, zum Glück.

(15. März 2009)

Himmelsruf

Ich habe einen Berg geseh'n,
der stieg herab vom Himmel
in Nebelkleidern, die sich dreh'n,
weiß wie ein Apfelschimmel.

Massiv gestaucht am Unterrand
walzt er mir bald entgegen
als schwerer Dampf und weiße Wand
und bleibt mir doch entlegen.

Wie Felsgestein auf Schnee und Eis
lädt er, sich zu besteigen,
denn nur wer 's tut, erkennt und weiß,
was Augen niemals zeigen.

Ich male mir die Spalte aus,
in die ich mich versenke,
denn da will ich dann nicht mehr raus,
wenn ich das Luftschiff lenke.

Komm, Wolke, setz dich zu mir nieder,
auch wenn es dabei gar nicht kracht,
so hätt' ich doch die Freiheit wieder,
die blau und weiß vom Himmel lacht.

(12. Juli 2007)

Morgentau

Es hängt ein Tropfen unterm Blatt
vom morgendlichen Regen.
Die Erde gibt sich naß und satt,
es glitzert auf den Wegen.

Ein Hauch von Frische überall,
die Wiesen kannst du riechen.
Im Dunst der rote Sonnenball
läßt Nebelfelder kriechen.

Du könntest fast den Eindruck haben
nach dieser regenreichen Nacht,
du warst die ganze Zeit begraben
und bist das erste Mal erwacht.

(25. Juni 2006)

Lichtgeburt

Die Nacht läßt den Nebel am Boden zurück
und rotrotes Licht greift ins Ganze,
meine Augen dabei, geöffnet zum Glück,
geblendet vom Viellichtfarbglanze.

Bis daß die Schlieren sich nach und nach lösen
zu Linien und starken Konturen,
das Vieh sichtbar wird beim Kauen und Dösen
und Wege mit frühen Figuren.

Und lange, bevor der Nebel sich hebt,
begreif' ich, was mich von allem trennt,
daß außer Pflanzen und Tieren auch lebt,
was meine Einfalt Umgebung nennt.

(28. April 2008)

Das Puck-Gebet

Wirf die Sterne in die Wolken,
laß' es schneien in der Nacht,
dann hast du das Licht gemolken,
das das Weltall sichtbar macht.

Schwing' dich in die höchsten Wipfel
mit der Sprung- und Kletterkunst,
setz' dich auf des Baumes Gipfel
für ein Nebelbad im Dunst.

Grüß' den Morgen vor der Sonne,
lang' bevor die Welt erwacht,
find' dich ein zur Elfenwonne,
die dir düst're Freude macht.

Wenn der Tag die Schatten bricht,
die dir Schutz und Heimat sind,
schließ' die Augen vor dem Licht,
und schlaf' wie des Nachts das Kind.

Träume von dem nächsten Mond,
der dich weckt und neu belebt,
dessen Schein dich schirmt und schont
und dir Prachtgewänder webt.

Sorge nur in deinem Traum,
auch wenn es dir lästig ist,
für den dunklen Lebensraum,
den der Mensch so gern vergißt.

(20. November 2000)

Ich liebe dich

Ich habe dir noch zugewunken
und dabei eine Tasse Tee
im selben Zuge ausgetrunken,
du sagtest mir, das tat dir weh,
wie ich so leicht und wohlgemut
den Abschied nehmen konnte
und mich mit meinem bösen Blut
in dieser Geste sonnte.

Und mir blieb nichts als deinem Klagen
wohl ungehört und nur für mich
mit Gift gefüllt ade zu sagen.
Du wirst versteh'n: Ich liebe dich.

(12. November 2007)

Der Hügel

Sein schütteres Haar legt
der grüngreise Hügel,
von Sturmwinden bewegt,
zur Seite wie Flügel.

Schon ewige Zeiten
bewacht er den Ort,
mit Kräften zu streiten,
von hier und von dort.

Die ihn bedrängen,
angreifen und fliehen,
an seinen Hängen
und Wurzelwerk ziehen.

Um es zu erreichen,
daß er doch versinkt
und, weil sie nicht weichen,
im Erdreich ertrinkt.

Er aber, der Hügel,
ist stark wie Gestein,
und steif wie ein Bügel
erträgt er die Pein,

sich etwas zu senken
im Laufe der Kriege,
und alles zu lenken
zum kahlrunden Siege.

(23. Juli 2005)

Heimat

Denn ich mach' mir einen Reim
auf die Heimat und ihr Wesen,
oft verwechselt mit dem Heim,
Küche, Lager, Tisch und Besen.

Ist sie nur ein Lagerfeuer
oder Menschen, die man kennt,
die Behausung als Gemäuer,
ein Gefühl, wie man es nennt,
Boden, Blut und Trennungsschmerzen,
keine Seele zieht es fort,
and're meinen eher, Herzen
sei'n die Heimat und kein Ort.

Als Nomade muß ich wissen,
wärmt es mich und bin ich satt,
eine Heimat wie ein Kissen
gibt es nicht, sie findet statt.

(2. November 1999)

Teufelchen

Es ward ein Teufelchen gebor'n,
das war schon groß, bevor es wuchs,
trug Haare in und auf den Ohr'n,
die Augen schenkte ihm der Luchs.

Es aß nur ungereifte Früchte
und hatt' die Kindheit zugebracht
als Quelle übelster Gerüchte,
in Schatten, Nebeldunst und Nacht.

Man hatt' es stetig flüstern hören,
daß niemand irgendetwas muß
und daß die Uhr'n den Zeitlauf stören
und hetzen bis zum Überdruß.

Daß Menschen hohl und trübe gaffen,
wenn sie erstmal erfolgreich sind
und seelisch, geistig voll erschlaffen
und es verlier'n, das Menschenkind.

Und daß der Unterschied der Träume
zur vielbeschwor'nen Wirklichkeit
die unentschlüsselbaren Räume
nur schützt, bis daß die Wildnis schreit.

Und niemand, der noch atmen kann,
der muß sich irgendwas verdienen,
weil es kein'n Dienst gibt, nirgendwann,
und den erfund'nen Staat der Bienen.

Soldaten, Arbeiter und Bürger
sind Namen für das Ungeheuer,
das sich ernährt als Seelenwürger
im selbstgewählten Strafgemäuer.

Du sollst, du mußt, verboten ist,
das hat es stets bestritten
und jeden Anstand angepißt,
vor Recht und Brauch und Sitten.

Es ward' ein Teufelchen gebor'n,
und, darauf kannst du wetten,
es hat bestimmt der Welt geschwor'n,
sie keinesfalls zu retten.

(22. Juli 2006)

ApoAgitProp Ballade

"Und weißt du", sag' ich schüchtern
dem Gast, der mit mir fährt,
im ganzen nicht mehr nüchtern
und keiner Geste wert,
auf einer U-Bahnstrecke,
die viel Geduld verlangt,
wo selbst 'ne lahme Schnecke
um ihre Zeiten bangt,
sich die Langeweile
zu einem Pläuschchen findet
und Station und Meile
mit zähem Strang verbindet.

Da ist 's nicht ungewöhnlich,
auch einem alten Trinker,
bedachtsam und versöhnlich,
als gut erzog'ner Linker
den Worttausch anzubieten
zu irgendeinem Thema,
den Renten oder Mieten,
und nach sozialem Schema.

Und also sprech' ich weiter
und wiederhole mich:
"Du bist doch ein Gescheiter
und ahnst es sicherlich,

die dunkle Wolke Zukunft
kann keine Lotterie sein;
bestimmt wird von der Geldzunft
doch das Glück und Pech allein."

Der alte Trinker gähnt nur
und winkt noch müde ab.
Ihm nütze nur die Trinkkur,
der Rest macht dumpf und schlapp.

"Siehst du denn nicht die Zeichen?
Das Klima wandelt sich
und weltweit all die Leichen,
das ist doch fürchterlich",
so halt' ich ihm entgegen
und weiter: "Wer hat Schuld
auf den verfluchten Wegen,
wann reißt dir die Geduld?
An allen Weltenecken
die Ungerechtigkeit,
der Hunger und die Schrecken,
die totgebor'ne Zeit.
Ja, kannst du nicht erkennen,
da läuft doch was verkehrt,
und Leut' wie du verpennen
die Welt, die sich verzehrt.
Bist du denn so benommen,
daß du es ganz versäumst,
wenn Katastrophen kommen?
Sag' mir, wie tief du träumst!

Willst du es provozieren,
daß Satan selbst erscheint,
und dich dem Spieß servieren,
bis daß die Seele weint?"

Da seh' ich Hörner unter'm Schopf,
sein altes Trinkermaul sagt: "Blah!
Siehst du denn nicht, du Schraubenkopf,
ich bin deshalb schon lange da."

(31. Dezember 2006)

Erschrocken

Daß Menschen auch noch immer dann
auf ihrem Recht und Vorteil hocken,
wenn doch ein jeder teilen kann,
erkenne ich und bin erschrocken.

Es gibt zu wenig für zu viele,
Bäuche sind leer und Kehlen trocken,
die Reichen lieben Brot und Spiele,
nur wer nicht mitmacht, ist erschrocken.

Die Not und ihre Schreie stören,
doch noch mehr Lärm bringt sie zum Stocken,
und keiner kann sie dann noch hören,
ich höre sie und bin erschrocken.

(29. August 2001)

Bitteres Vergißmeinnicht

Von allen möglichen Interessen
bewegt den Menschen erstmal eins,
im wesentlichen zu vergessen
als Vorwärtstrieb des Glücklichseins.

So lebt der Selbstvergessene perfekt
und optimiert den Augenblick,
er sucht dabei dem bleibenden Defekt
zu fliehen mit dem Kindertrick.

Soviel Erkenntnis bleibt erhalten,
der Rückzug wird befristet sein,
im Angesichte der Gewalten,
da zählt die Dauerflucht allein.

Die Angst zu scheitern ist so heftig,
daß sie geleugnet werden muß,
und jeder müht sich sicher kräftig,
daß ihm der Anfang fehlt am Schluß.

Denn dies ist allen doch gewiß,
so wie der Hunger lebt vom Fressen,
gehört zum Flüchten und zum Schiß
vorher und hinterher Vergessen.

Vergeblich habe ich geflucht,
als hätt' ich Sicherheit besessen,
denn was mein Vers zu sagen sucht,
das hab' ich leider auch vergessen.

(24. Januar 2004)

Räuberballade

Verworfen, an den Rand gedrängt,
der Konvention entflohen,
im Mittelalter aufgehängt,
weil wir den Staat bedrohen.

Das schlimmste für die Polizei
und alle Ordnungshüter,
bleibt einer auch nur von uns frei,
Gefahr für alle Güter.

Gehetzt, verfolgt oder gefangen,
für einen Bürger der Beweis,
daß jedes andere Verlangen
nicht gut sei als der Sklavenfleiß.

Wir hab'n unsre eig'nen Mythen
als Räuberpack und Bürgerschreck,
die durch die Geschichte wüten
und die Gesetze schlagen leck.

Robin Hood und Störtebeker,
Schinderhannes, der Rebell,
Kohlhaas, Volkes Rechtsvollstrecker,
einige zu nennen schnell,
standen wohl zu ihrem Glauben
und zu ihrem Rechtsempfinden,
keine Macht konnt' sie berauben
und kein Herrscherhaus sie binden.

Jederzeit in jeder Fron
können wir ganz sicher sein,
Widerstand hat Tradition,
Unterwürfigkeit macht klein.

Alles hab'n wir falsch gemacht,
vom Verbotenen gespeist,
aber wir hab'n viel gelacht
und gewußt, was du jetzt weißt.

(10. Juli 2002)

Zu alt

Keine Stimme, keine Rechte,
dankbar sein aus tiefer Schuld,
von der Auswahl nur das Schlechte,
dazu viehische Geduld;

nie gewinnen, nur verlieren
und zu allem Überfluß
ausrangiertes Vegetieren,
das er sich verdienen muß;

Anstand, Ehrbarkeit und Fleiß,
Fron ableisten für den Staat,
Endloszahlungen als Preis
für das Rentenrecht als Saat;
pflichtbewußt und produktiv
gut die Hälfte seines Schaffens
der Gesellschaft, die ihn rief,
in die Schlünde ihres Raffens,
ganz wie selbstverständlich noch
und in Treue investiert,
bis das Rentensteuerloch
ihn dann zwingt, daß er kapiert,

daß, als Treibstoff und Substanz,
er, wie viele and're auch,
für den räuberischen Tanz
nur als Wein dient oder Schlauch.

Und zuletzt wird er verfrachtet
in ein Alterspflegeheim,
wo ihn keiner weiter achtet,
gut versorgt mit Haferschleim,

und, entzogen dem Verkehr,
auch dem Leben mit Gewalt,
kurz, ein Mensch ist er nicht mehr,
er ist einfach nur zu alt.

(31. Mai 2002)

Fuchsvermächtnis

Fürchte den Frost,
er tötet dich schnell,
als kalte Kost
verdaut ihn dein Fell.

Fürchte das Feuer,
du könntest verbrennen,
es wär' zu teuer,
sein Wesen zu kennen.

Fürchte die Nächte,
denn sie sind mehr
als dunkle Mächte
irgendwo her.

Fürchte das Wasser,
den lockenden Glanz,
wirst du erst nasser,
verschlingt es dich ganz.

Fürchte den Bauern
und seine Ställe,
Fangeisen lauern
auf uns're Felle.

Fürchte den Park
und die Menschen darin,
denn sie sind stark
und sie meucheln dich hin.

Doch fürchte am stärksten
zu werden wie sie,
sie lügen am ärgsten
und merken es nie.

(24. Dezember 2001)

Hexen

Man sagt, sie seien Märchenwesen
und Dummheit habe sie erfunden,
der Volksmund hätt' sie aufgelesen,
sein armes Weltbild abzurunden.

Folklore, sagt die Wissenschaft,
und Kirchenrechtsintrigen
und Hexenhammer, Sippenhaft,
damit die Priester siegen.

Es war doch nur die dunkle Zeit,
und ist nicht längst bewiesen,
daß die Vernunft den Geist befreit,
von Hexen, Zwergen, Riesen.

Wichtigtun und Spiegelfechten,
Hilfsmotiv der Literaten,
was auch immer sie erdächten,
wiederholt nur alte Daten.

Skeptiker und Realisten
liefern sich die heiße Wette
mit den Teufelsfetischisten
so, als ob es Aussicht hätte,
jemals mehr herauszufinden,
als daß schließlich beide Seiten
sich im gleichen Irrtum winden
endlos daraus herzuleiten.

Entscheidend ist doch, kein Gericht
nahm je ein Hexenleben,
es gab sie nie, es gibt sie nicht,
es wird sie aber geben.

(5. August 1999)

Die Nornen

Sie standen am Geburtskanal,
drei böse, alte Vetteln,
und machten mir den Weg zur Qual,
um Durchlaß mußt' ich betteln.

Das Schicksal hat voll zugepackt,
es gab wohl kein Entrinnen,
und hat die Hoffnung abgewrackt,
das Sehnen und das Sinnen.

Ich stürz' zurück ins tiefe Loch,
im Tod treff' ich sie wieder,
dort stehen sie dann immer noch
und singen Wiegenlieder.

(30. Juli 1999)

Windgeflüster

Es hat den Vogel nicht gestört,
seinen Flug nicht unterbrochen,
als er den Wind im Sturme hört,
und der hat ihn angesprochen:

"Du mußt steigen, kleiner Bruder,
laß die Erde schwinden,
komm, gebrauch dein Höhenruder,
um hinaufzufinden.

Denn dort unten herrschen Dämpfe,
schlechte Luft und große Not,
böses Streben, schlimme Kämpfe,
das Gewissen schweigt sich tot.

Komm nach oben her und schaue,
großer Himmel, weiter Blick,
tauche ein ins endlos Blaue
und zerreiß den letzten Strick.

Warum zögerst du so lange,
dich zu lösen aus dem Griff
deiner erdgestützten Zange,
braucht der Fisch im Meer ein Schiff?"

"Nein, doch braucht der Fisch die Täler,
weil darin die Meere liegen,
und es wär' ein Todesfehler,
wollte er in Wolken fliegen.

Und so brauche ich die Bäume,
die verwurzelt sind und fest,
um von ihnen aus die Räume
zu erleben und den Rest.

Wie die Bäume aus der Erde
greifen in das Sonnenlicht,
bin ich sicher, auch ich werde
ohne ihre Wipfel nicht
in dem blauen Himmelsschein,
der nie hält, was er verspricht,
weiter frei beweglich sein,
wie die Verse im Gedicht."

Darum schlägt der Vogel Winden,
die so flüstern flatterhaft,
vor, daß sie dorthin verschwinden,
wo der Mond ins Leere gafft.

(26. Juni 2004)

Flugtraum

Ich wollt', ich könnte fliegen
und mehr als vogelfrei,
hätt' längst die Luft bestiegen
und wär' nicht mehr dabei,
beim Niedersten auf Erden,
am Boden festgeklebt,
wie müßte ich wohl werden,
daß es mich löst und hebt?

Daß ich nicht alle Tage
gestreckt, gebückt verbringe
und mir in meiner Lage
der Absprung nie gelinge.

Denn ich bin nicht gewichtet nur
und laste auf der Erde,
nein, das Gewicht in der Natur
ist meine Hauptbeschwerde.

Und ob ich sitze, liege oder steh'
und jedesmal versuch' zu lösen,
indem ich laufe, hüpfe oder geh',
es wechselt doch nur Druck und Dösen.

Vergeßlichkeit ist eine Form,
Wachsein, Erinnern eine and're,
und ich weich' auch nicht von der Norm,
wenn ich mich aufmach' oder wand're.

Der Stein, den ich danach befrage,
der zögert nicht und widerspricht
und sagt: "Du findest solche Klage
in meinem ganzen Denken nicht.

Du denkst, daß ich am Boden liege,
weil ich still bin und nichts weiß
und auch beträchtlich etwas wiege
und mich nicht mal reg' im Kreis.

Doch wisse, glaube und begreife,
daß ich tatsächlich nur hier liege,
weil alles sonst von mir auf Streife
im Weltall ist, und ich längst fliege."

(17. Juli 2004)

Fürchte dich

Fürchte dich, geschützt zu werden,
denn das tun die Starken nur
für die Schlacht- und Brauchtierherden
und für Fleisch und Wolleschur.

Fürchte dich auch vor Verträgen,
die dich sichern soll'n vor Schaden
und dich an die Kette legen,
denn nicht du ziehst an dem Faden.

Und vor allem fürchte dich
vor den ewigen Versprechen,
deren Zweck doch unterm Strich
der ist, kläglich zu zerbrechen.

Und vor jenen Freunden auch,
deren Schwüre dich beizeiten,
aufgelöst in Schall und Rauch,
in den Turm der Schuld begleiten.

Fürchte nicht, allein zu sein,
laß die vielen Leute,
besser, du giltst als gemein,
denn als leichte Beute.

Fürchte aber doch vor allen,
auf die Weisheit dieser Zeilen
tatsächlich hereinzufallen
und dich vollends zu verpeilen.

(13. Februar 2003)

Ruf des Blutes

Ein Schloß in den Karpaten,
das mußte viel zu lange schon
auf meine Rückkunft warten
als Erbahne und Vatersohn.

Seelendunkel, das erzittert,
in meinem Herzen brennt es kalt,
denn geheimnisvoll umwittert
macht meine Ahnung mich uralt.

In den kurzen Nächten reisen,
um am Tage auszuschlafen,
kleine Pausen, um zu speisen
und nur kärglich, nicht wie Grafen,
dabei stets die Augen offen,
ohne Spaß an kurzer Trance,
weil darauf die Feinde hoffen,
denen geb' ich keine Chance.

Wie die Stunde sich auch wehrt,
überspring' ich sie im Tanz,
weil mich Wind und Schatten nährt
und die leibliche Substanz.

So kann mir mein Ziel nicht weichen
und ich bleibe fest im Mut,
jene Ferne zu erreichen,
die mich ruft mit ihrem Blut.

Hör' ich dann die Wälder raunen,
müde und vom Flug geschunden,
die ich kenne, werd' ich staunen,
denn ich hab' zurückgefunden.

Und die alte Schloßruine
steht dort wie ihr eig'ner Schatten
mit der schlimmsten Trauermiene
und behaust von Schmutz und Ratten.

Ich hingegen schau' versonnen
auf den höchsten Punkt der Zinnen;
dort, wo es dereinst begonnen,
wird es wohl auch jetzt beginnen.

Wiederaufbau einer Stätte,
die das Erbteil und das Blut
nochmal zu beschützen hätte,
denn hier zieh' ich meine Brut.

Denkst du nun: "Oh Fluch, oh Graus",
dann beruhige dich und horch:
Nicht die böse Fledermaus
bin ich, sondern nur der Storch.

(23. Juli 2004)

Ausbruch

Bis zum Himmel aufgetürmt
sind die Berge, und die Schluchten
enden, wo die Hölle stürmt,
die sich krümmt an ihren Wuchten.

Lava, Asche, Qualm und Rauch,
brennende Gesteine
preßt der Berg aus seinem Bauch,
aller Welt zum Peine.

Wenn Gestein die Kraft verliert,
sich zu halten und zu schichten,
steigt der Druck und explodiert,
um die Massen neu zu richten.

Niemand weiß und keiner ahnt,
wo die Hölle dieser Hitze
sich die nächsten Wege bahnt,
und auch nicht, aus welcher Ritze.

Ascheregen, dicke Luft
und was sonst noch von den Dingen
gleich verbrennt oder verpufft,
droht die Umwelt zu verschlingen.

Dunkler Himmel, Brandgeruch,
alle laufen um ihr Leben,
böse Worte, böser Fluch
und das unentwegte Beben.

Und die Frage, während dessen
sich die Erde tief empört:
Wer hat wann und was vergessen
und so ihren Schlaf gestört?

(November 2002)

Klabautermann

Die Seele eines toten Kindes,
die wohnt in diesem Holz, gewiß,
als Meergewalt und Herr des Windes,
als Wolkengeist und Himmelsriß.

Sie blicken in die falsche Richtung,
die Augen der Matrosenmeute,
der Mastkorb und die Rah sind Dichtung,
kein Boot bedroht die eig'nen Leute.

Vielmehr verschlingt das Meer die Leben,
der Himmel bleibt darüber kalt,
den Wogen den Tribut zu geben,
im Wasser gibt es keinen Halt.

Dennoch, die Seeleute, sie springen,
der Aberglaube treibt sie an,
um mit der Meereskraft zu ringen,
und sterben dabei Mann für Mann.

Ein riesengroßes Schiff, vertraut,
an Bord ein freundlicher Kap'tän,
der so auf sie herunterschaut,
als könnte er sie alle seh'n.

Er ruft sie bei stiller See
an des Schiffes hohe Wände,
auf Strickleitern, und, okay,
an der Reling helfen Hände.

Der Kapitän, er beugt sich vor,
spricht die Havarierten an,
und grausig dringt es in ihr Ohr:
"Ich bin es, Klabautermann."

Und ein Mast, der schwimmt noch oben
mit Frachtresten, wie es scheint,
während Wind und Wellen toben;
und es hat ein Kind geweint.

(2. Dezember 2007)

Wasser

Du kannst es fühlen oder fassen,
in Gefäße läßt sich's schließen,
auch kannst du's langsam fließen lassen
oder furchtbar schnell vergießen.

Glasklar und sauber ohne Lasten
zum Beispiel beim Aquarium,
dem Wasserpflanzenzierfischkasten,
schaust du hindurch und nicht herum.

Denn ohne Schatten oder Spur
füllt es mit Sicherheit die Lücken,
doch suchen wir nach der Kontur,
finden wir Ufer oder Brücken.

Es spiegelt alles um sich her,
das sich im Licht der Sonne fängt,
die Menschen, Häuser, den Verkehr
und was sich sonst da noch vermengt.

Abgeschöpft und fortgetrunken
füllt es jenen Körper an,
der, wär's zu weit abgesunken,
weder steh'n noch leben kann.

Gleichsam aber schwimmt derselbe
Körper, der sich tragen läßt,
wie das Treibholz auf der Elbe
und hält sich auch noch dran fest.

Nun, vom Wasser ist die Rede,
und es brennt und löscht zugleich,
denn in dieser Dauerfehde
gründet sich des Lebens Reich.

(24. Januar 2002)

Kleines Feuer

Ein kleines Feuer
in dem Kamin
als Lichtgeheuer,
und sie entflieh'n,
die dunklen Wände,
der Schutz der Ratten,
wie kalte Hände
im Nichts der Schatten.

Dazu die Pfeife,
ein wenig Glut,
würzige Reife,
und es riecht gut.

Tee und Geschichten,
wir tun uns gütlich,
ganz ohne Pflichten,
das ist gemütlich.

(9. Oktober 2003)

Zeit mit Hut

Trauer nicht um deine Zeit,
denn es war nie deine,
und du selbst in Wirklichkeit
bist nur du zum Scheine.

Zählt ein Zeiger dein Empfinden
und ein Metronom dein Glück?
Können sie den Fluß verbinden
von Davor und von Zurück?

Zeit soll eine Linie sein
und hat eine Richtung.
Fällst du übel darauf rein,
wird 's dir zur Verpflichtung,
fortzuzählen ohne Ende,
und du mußt dann ganz verzichten
auf das Denken deiner Hände,
die sich nicht nach Linien richten.

Niemand kann die Zeit dir stehlen,
weil es sie nicht wirklich gibt,
nur als Konsequenz vom Zählen
wachsen Grenzen, wenn 's beliebt.

(27. Dezember 2006)

Fluctui

Als jener Falter Schatten warf
im hellen Schein der Flammen,
da sah ich ihn schon doppelt scharf
und flog mit ihm zusammen.

Der Feuerplatz, das Drumherum,
war meinem Sinn entschwunden,
ich drehte flatterhaft, wie dumm,
ums heiße Licht die Runden.

Mir war, als gähnt' im Flügelschlag
ein riesengroßer Rachen,
und der verschlang mich, wenn ich 's sag,
ich konnte gar nichts machen.

Und so verschluckt, ist 's mir gescheh'n,
es gab nicht Dach noch Wände,
ich hab' die lange Nacht geseh'n,
den Abgrund ohne Ende.

Er war so endlos, hohl und leer,
kein Halt war in dem Schlund zu finden,
und dunkel war 's wie schwarzer Teer,
nicht nur die Sehkraft mußte schwinden.

Alleinsein wär' Geselligkeit
in einem solchen Rachen,
und höllisch schien die Schnelligkeit,
den Teufel hört' ich lachen.

Ich fand mich auf dem Stuhl erschrocken,
das Feuer brannte noch als Glut,
ich sah die Leute um mich hocken,
es lähmten mich die Furcht und Wut.

Ich habe es dennoch gewagt,
den ander'n mitzuteilen,
daß mir das Feuer nichts mehr sagt,
um fortan zu verweilen.

Beim Gehen hört' ich mich noch sagen:
"Habt auf den Falter bitte acht,
er hat so viel für uns zu tragen,
weil er die ganze Welt bewacht."

(13. August 2006)

Hirsekorn

Die Asche im Staub
auf endloser Strecke
bleibt reglos und taub
als Wüstensanddecke.

Die grollende Ferne
läßt Sandkörner beben,
als wären sie gerne
Ersatz für das Leben,
das überall fehlt.
Wo man es auch sucht,
nur Stille, die quält,
und himmelweit Flucht.

Und gäbe es Augen
und Hirn zu versteh'n,
sie würden nicht taugen,
was immer zu seh'n.

Auch nicht die Zehen
vom menschlichen Fuß
als zeitloses Lehen
am lang toten Fluß
als letzter Maßstab
aus alter Welt
in ihrem Fraßgrab,
das nicht zerfällt.

Hitze für immer,
lichtgrell und kalt,
trocken und schlimmer
wird nichts mehr alt.

Nur ein Hirsekorn,
zu Stein konserviert,
liegt in der Zeit vorn,
wenn noch was passiert.

(11. März 2008)

Trollheim

Es flüstert der Schatten,
der Wind stiehlt das Licht,
es hungern die Satten,
der Stumme, er spricht.

Die Vögel, sie fallen,
es fliegt der Granit,
die Wolken verhallen,
der Himmel geht mit.

Die Menschen, sie tauchen
ins endlose Meer,
die Wasser verrauchen,
die Luft, sie wird schwer.

Die Nächte, sie tönen,
die Tage sind still,
den Sinn zu verhöhnen,
der festhalten will.

Die Räume verschlossen
durch haltlose Mauern,
als Häuser und Gossen,
die nicht überdauern,
die scharfkantig protzen,
den Reichtum zu hüten,
um Stürmen zu trotzen,
die anwachsend wüten.

Sind sie nicht verloren
im Rütteln der Beben,
zum Scheitern geboren
aus menschlichem Streben,
die Kräfte zu binden
und gar zu verstehen,
Antworten zu finden
und zu übersehen,
die technisch erkunden
und kontrollieren,
Jahrtausendsekunden
fern von den Tieren,
auf einem Throne,
der alles noch steigert,
jedem die Krone
jedoch nur verweigert,
der im tiefsten Nieder
immer noch brennt
und am Hin und Wieder
schließlich erkennt:
Im finstersten Schlafe
wird der Mensch erst wach
und findet die Strafe
davor, nicht danach.

Dann fällt auch die Feder,
der Stein aber fliegt,
wenn ent- oder weder
der Schwächere siegt,

und falsch, aber richtig
sich festfrißt und voll,
Verträge sind nichtig,
es regt sich der Troll.

(21. Mai 2004)

Erlkönig

Ein Schatten springt, und es ist Nacht,
und niemand kann ihn wirklich sehen
und auch nicht hören, daß wer lacht,
weil heftig Schauerwinde wehen.

Die Dunkelheit ist wie ein Schlund,
was sich bewegt, verschwindet,
und Finsternis verschließt den Mund
und birgt, was keiner findet.

Es ist die Nacht, von der man sagt,
daß der Erlkönig Beute macht
mit seiner großen, wilden Jagd,
zu spät für den, der hört, wie's lacht.

Um diese Zeit schlafen sie fest,
die Menschen, die sich schinden,
in ihrem Hause wie im Nest,
kein Unheil soll sie finden.

Und jene, die sich gut verstecken,
weil ihnen ein Zuhause fehlt,
im Graben oder hinter Hecken,
die nur im Schlaf die Kälte quält,
sind sicher, jedoch niemals solche,
die arglos durch das Dunkel zieh'n
oder wie zügellose Strolche
zur Nacht dem Licht des Tags entflieh'n.

Die sind es wohl, die mancher hört,
wenn ihn ein jähes Klagen
bis tief in seine Träume stört
und Schatten, die es jagen.

Doch still, schlaf tief und sorg dich nicht,
genieß den Traum, den zarten,
denn irgendwann erlischt das Licht,
und Schatten können warten.

(10. September 2007)

Verloren

Nie wurdest du geachtet,
man hat dich übersehen,
in Ignoranz verschmachtet
ließ man dich einfach stehen.

Sie feierten die Feste
in Freuden und mit Lachen,
dir blieben nicht mal Reste,
es ihnen nachzumachen.

Sie teilten die Gewinne,
doch sicher nicht mit dir,
und fragt man ihre Sinne,
warst du auch niemals hier.

Sie konnten ruhig schlafen
auf ihren großen Kissen
im bettenweichen Hafen,
sie hatten kein Gewissen.

Und dann die Turbulenzen,
du hast es nie vergessen,
es fielen alle Grenzen,
die Not war nicht zu messen.

Und dieses große Sterben
ließ niemanden zurück,
den Reichtum zu beerben
und das verbrauchte Glück.

Du bist nicht fortgehastet
und hast dich nicht versteckt,
hast wie auch sonst gerastet,
man hat dich nicht entdeckt.

Weil dir nun nichts gehörte,
du wurdest so geboren,
das Gier weckt oder störte,
ging dir auch nichts verloren.

(16. April 2005)

Danach

Wie stell' ich es mir vor,
das Scheiden und Entschwinden,
mit einem Engelschor,
auf sanften Himmelswinden,
mit einem Aufschrei voller Pein,
stürz' ich in eine schwarze Tiefe
in rasend blindem Widerschein,
als ob mich Satan selber riefe?

Oder fallen nur die Tücher,
die das wahre Sein verschleiern,
wie es manche Totenbücher
oder Rituale leiern,
und der Abtanz meiner Seele
wird zum Ort für das Gericht,
der, wie ich mich immer quäle,
nur der Weg sein soll zum Licht?

Oder kommt nach hartem Leben
endlich die verdiente Ruhe,
Zeit, die Sorgen abzugeben
wie verbrauchte, alte Schuhe?

Führt das Schicksal doch zuletzt
ganz direkt ins große Nichts
und entledigt, abgehetzt,
sich des Lebens Fleischgewichts?

Wie auch immer, Baby schreit,
wenn 's den ersten Atem tankt,
und es findet nicht die Zeit,
daß es sich auch noch bedankt
für die schwere Lebensnot,
die es noch erforschen muß,
denn, geboren oder tot,
stets gibt 's ein Danach zum Schluß.

(21. November 2005)

Halali

Ich hab' es gesehen,
im kleinen Gesicht,
das schreiende Flehen,
das Bitte-noch-nicht.

Und dann kommt der Knall,
der Schuß sitzt perfekt,
noch einmal im Fall
das Mäulchen geleckt.

Wirbelndes Fell
am Boden entlang,
geht alles schnell,
mit Klagegesang.

Auch der nächste Hase,
zuende gehetzt,
er hebt seine Nase
und bittet: "Nicht jetzt!"

Hast du einen Hasen
je schreien gehört?
Dein Blut würde rasen,
wenn es sich empört.

Da liegen die Haufen,
geschunden, zerfetzt,
die Hunde, sie raufen,
der Jagdobmann schätzt:

Hasenragout
und Jagdausflugsfeier,
darauf läuft 's zu,
auf Nebel und Schleier,
um gut zu verbergen,
daß es herrscht und wie,
vor Ruh' in den Särgen,
das Jagdhalali.

(4. Februar 2009)

Der Held

Ich nehme meine Tasse
und stoße auf dich an,
das war schon wirklich klasse,
und ich hätt 's nicht getan
und wär' wie du gesprungen,
so kühn und selbstbefreit,
hätt' mit dem Feind gerungen
und ihn gestoppt im Streit.

Wir wollten helfen, gerne,
als der am Ende dich,
schon selbst in Lebensferne,
erwischt' mit diesem Stich,
und das war dann dein Ende
wie seines eben auch,
und deine starren Hände
verkrampften sich am Bauch.

Ich kann mich gut besinnen
an diesen Augenblick,
mein Zögern ließ mich drinnen,
und Mut war dein Geschick.

So kann ich meinem Sohne
ins Buch des Lebens schreiben,
daß Heldentod sich lohne
für die, die übrigbleiben.

(30. Juli 2008)

Der Mantel

Der große Geist des Wassers hat
sich niemals einfach nur verteilt,
er frißt die Welt und macht sie satt,
weil er sie festhält und durcheilt.

Seine spiegelklaren Tiefen,
chemiedurchtränkt, kontaminiert,
die einst Leben zu sich riefen,
sind auch indessen ölverschmiert.

Sie haben in ihrer Frist
immer schon den Schmutz getragen,
der nicht aufzulösen ist,
ohne nach der Schuld zu fragen.

Vielmehr hat der große Geist
Dauerschaden abgewendet,
weil der ganze Dreck zumeist
mit dem Tausch im Wasser endet.

Um den Menschen zu verwöhnen,
wird der Geist wohl Gründe haben.
Niemand achtet auf das Stöhnen
und den Klagelaut der Raben.

Keiner weiß, mit welchen Flüchen
Menschen ihr Gehör verspielen
in den Stuben und den Küchen
und mit welchen kurzen Zielen.

So kann es auch nicht erstaunen,
wenn der Geist des Wassers spricht,
doch der Mensch nur Wetterlaunen
und die Dämme sieht, die 's bricht.

Und der sagt: "Ich werde gehen,
meine Brüder sind schon fort,
es ist überall zu sehen,
er erkrankt und stirbt, der Ort.

Diese Zeit will ich vergessen,
meinen Mantel nehm ich mit,
von der Dummheit angefressen,
deckt er meinen letzten Schritt."

Und man hört auf allen Sendern,
wie das Klima schnell verfällt,
Flucht und Panik in den Ländern
in dem letzten Sturm der Welt.

(6. November 2004)

Das kalte Dach

Ich hab' es nicht gefunden,
das Plätzchen, das ich such',
mir folgt seit vielen Stunden
der Obdachlosenfluch.

Will ich mich doch nur schützen
vor Wind und Schnee und Zug,
und Mäntel oder Mützen,
die wärmen nicht genug.

Denn Schnee von oben frachtet,
es kneift das Windgebiß,
mein Körper zittert, schmachtet,
ich friere und krieg Schiß.

Wovor soll ich mich ducken,
wenn ich alleine bin,
hätt' ich doch was zum Schlucken,
es gäb' der Kälte Sinn.

Niemand kann sie erklären,
die tunnelschwarze Angst,
warum sollst du dich wehren,
nichts da, um das du bangst.

Das wird die letzte Treppe,
die ich hinuntersteige,
mich nicht mehr weiterschleppe,
zum Kämpfen doch zu feige.

Auch dieser Brückenbogen
ist vollständig besetzt,
schnell hab' ich mich verzogen,
bevor mich jemand hetzt.

Doch findet meine Suche
dann plötzlich ihren Halt,
ein Platz wie aus dem Buche,
mir ist auch nicht mehr kalt.

Fast zähle ich die Sterne
im warmen Lampenschein
der kleinen Hauslaterne,
als wär' ich nicht allein.

Die harte Bordsteinkante,
die merke ich doch kaum,
ich treff' die gute Tante
aus meinem Kindertraum.

Es heißt in den Gazetten,
es könnte nicht passieren,
wenn wir geholfen hätten,
daß manche doch erfrieren.

(27. November 2004)

Rotmütz'

Mit seinen tausend Füßen
lief 's kleine Volk einst fort
doch so als müßt' er büßen,
blieb einer noch vor Ort.

Das kleine Volk war mächtig
und half, wo es nur ging,
den Menschen ging es prächtig,
bis sich ihr Stolz verfing.

Der eine, der verblieben
und furchtbar traurig war,
erdachte sich die sieben
zu einer Zwergenschar.

Als Märchen und als Sage
war er sehr gut geschützt
und hat dann ohne Frage
der Menschheit fortgenützt.

Die konnten nicht auf Dauer
mit seiner Weisheit leben,
gebärdeten sich schlauer,
nach Höherem zu streben.

So gingen sie verloren,
die Sagen und die Lieder,
die Zukunft ward geboren
und ließ sich langsam nieder.

Wir wissen das wohl heute,
als topmodern und aufgeklärt
kennt niemand kleine Leute,
die er noch schätzen kann und ehrt.

Die Wissenschaft herrscht richtig
aus menschlichem Verstande,
doch Wissen selbst wird nichtig
und gilt nicht mal am Rande.

In Regalen und Gesetzen
läßt sich doch kein Leben erben,
beim Beschleunigen und Hetzen
läßt 's sich aber besser sterben.

Der Fortschritt, er wird schneller
und schaufelt sich sein Grab,
das Feuer frißt sich heller,
doch drumrum dunkelt 's ab.

Das Werk und Mensch zusammen
sind dann auch bald verbrannt,
mit ihren eig'nen Flammen
ins Nirgendwo verbannt.

Und wenn die letzte Stütze
in sich zusammenfällt,
schleicht sich mit roter Mütze
das Männchen aus der Welt.

(9. Oktober 2004)

Der schwarze Karfunkel

Tief im Innern uns'rer Erde,
wo es brennt und Lava kocht,
wo mit glosender Gebärde
Magma an die Schale pocht.

Dort, wo Last und Druck sich finden
und sich unter größter Hitze
zu Granit und Flözen binden,
Diamanten an der Spitze.

Wo im allertiefsten Dunkel,
ohne Abglanz oder Schein
Alberich, der Schwarzkarfunkel,
schläft in seinem Bett aus Stein.

Dort, nur dort, ruht auch der Hammer,
der die Welt zum Bersten brächte
und ihr Elend, ihren Jammer
mit dem ersten Schlage rächte
und den Kosmos bis zum Rande
löschen und zerschmettern würde,
alle Fesseln, alle Bande
brächen fort als tote Bürde.

Denn der Rand der Welten wäre
dort, wo auch der Hammer schlägt
und ihn freischlüg' von der Schwere
und den Lasten, die er trägt.

Dieser Rand ist auch die Ferne
von dem Ort, wo der Karfunkel
auf dem Glanze aller Sterne
weiterschläft im tiefsten Dunkel.

Nicht, daß irgendjemand miede,
ihn zu finden, diesen Ort,
wo des Himmels Höllenschmiede
Logos schuf, das Schöpfungswort.

Nein, nicht einmal Göttermacht
oder Helden, die sich schinden
und erobern Schlacht um Schlacht,
könnten diesen Ort je finden.

Der Karfunkel braucht nicht trutzen
und der Hammer nicht zu schlagen,
denn wer sollte sie benutzen,
wollt' er nicht ihr Los ertragen.

(1. Juli 2004)

Die Geldfabel

"Reich' mir mal die Nuß, du Affe",
sprach das Langhalstier hinauf.
"Hol' sie dir doch selbst, Giraffe,
denn ich fresse grad und sauf'."

Keine Frage, kein Problem,
ein, zwei Schritte und ein Biß
mit dem langen Hals, bequem
ist dem Tier die Nuß gewiß.

Jeder sorgt für sich allein,
doch auch für den ander'n mit,
und es kann kein Zweifel sein,
Tauschen hält die Freundschaft fit.

Manche aber wollten 's nicht,
weil sie doch bescheiden waren,
und verweigerten die Pflicht,
um sich Mühe zu ersparen.

"Sparen", sprach ein Tier darauf,
"ließe sich doch auch noch tauschen,
wenn ich statt zu sparen kauf',
und das Zählen lern', statt lauschen."

Leider galt das Tier als klug,
und zufrieden war wohl keiner,
viel zu nah schien der Betrug,
und am Ende hat nur einer

seinen freien Nutzgebrauch,
und die letzte Mahlzeit schwindet
in dem alten, schweren Bauch,
wo sie niemand wiederfindet.

Laßt uns also konsequent,
womit wir auch Handel treiben,
und bevor es wer verpennt,
in die große Dünung schreiben:
"Wieviel Mal ist es gewesen,
daß du mir geholfen hast",
kann im Sande jeder lesen,
"und wenn jemand es verpaßt."

"Besser noch, wir nehmen Steine,
ganz besond're, denke ich,
oder gar bedruckte Scheine",
sprach das kluge Tier zu sich.

Alle konnten es gut hören,
stimmten ab und waren eins
darin, sich nicht mehr zu stören
und zu scheiden meins und deins.

Waren auch die Tiere froh
über das erfund'ne Geld,
wissen wir doch heute, so
kam das Böse in die Welt.

(20. Februar 2004)

Hüte dich

"Ach, Ammenmärchen sind das nur",
sag' ich zu meinem kleinen Sohn,
"der Mensch beherrscht jetzt die Natur,
und der Verstand sitzt auf dem Thron.

Es gibt sie nicht, die Blutgesellen,
die heiß nach unser'm Safte dürsten,
auch Monster nicht in ihren Fellen,
die sich die Werwolfsmähnen bürsten.

Und der böse Friedhofsghoul,
der sich von Leichenfleisch ernährt,
sitzt nicht auf dem Ahnenstuhl,
selbst wenn ihm schmeckt, was sich nicht wehrt.

Butterhexen, kannst du glauben,
sind so wenig Wirklichkeit
wie verfluchte Eulentauben,
wenn 's auch nachts im Walde schreit.

Zwerge, Gnome und dergleichen
kannst du alle schnell vergessen
oder grause Geisterleichen,
die mit Vorzug Kinder fressen."

Und die Abendsonne schwindet,
doch ist es noch hell, zum Glück,
daß man leicht nach Hause findet;
nur mein Kind will nicht zurück.

Hockt sich auf den Boden nieder,
und ich sage zu dem Wicht:
"Du, ich geh' und komm' nicht wieder",
doch der Junge rührt sich nicht.

Und er lacht, derweil er spricht:
"Sie sind hier, sie warten nur",
und ich schau' ihm ins Gesicht,
da seh' ich die erste Spur.

(14. April 2006)

Zwergschaft

In der Tiefe uns'rer Erde
lebt und wirkt mit großer Macht,
jeder stark wie tausend Pferde,
auch als Zwerg und Wicht der Nacht,
jenes Wesen, das selbst Götter
mehr noch fürchten als die Riesen
und dem selbst die ärgsten Spötter
keinen Hammerschlag vermiesen.

Und die Heimstatt eines Zwerges
kennt der Geologe nicht,
auch der tiefste Punkt des Berges
liegt zu nah' am Tageslicht.

Niemals ist er zu entdecken
oder plötzlich zu erreichen,
seine Neugier zu erwecken,
wär' als dummer Wunsch zu streichen.

Nur die allerhöchsten Asen
suchten bisher seinen Rat,
scheu und schüchtern wie die Hasen,
weil er, was er sagte, tat.

Um den Fenriswolf zu binden,
der den Göttern über war,
konnte keiner Mittel finden
außerhalb der Albenschar.

Diese schmieden, wie versprochen,
jenes furchtbare Geschenk;
Fenriswolf hat's nicht gerochen,
erst gefesselt am Gelenk.

Zwergenthing, wie fürchterlich
für das Götterherrscherhaus,
mit dem Fürsten Alberich
handelt Odin Wissen aus.

Auch das Lied der Nibelungen
und die Hinterlassenschaften,
nie vergangen, nie verklungen,
muß die Menschheit noch verkraften.

So viel Lüge und Betrug
in den vielen Niederschriften
durch die Menschen war genug,
die Besinnung zu vergiften.

Alles, was wir heute kennen,
stammt vom Bergwerkshandwerk ab,
und das, was wir wertvoll nennen,
ist des Menschengeistes Grab.

Jagen Menschen heut' noch alle
mit dem Drachen Industrie
Edel- und Gebrauchsmetalle,
dann begreifen sie es nie.

Denn das Erbe eines Zwerges
ist schon, wie der Name sagt,
jener große Teil des Berges,
der die Erzausbeuter plagt,
will er wohl daran gemahnen,
daß die höchste Technik doch,
einmal Erbgut uns'rer Ahnen,
nie nach Erz und Eisen roch.

Denn die Wissenschaft des Zwerges,
von den Alpen bis zum Harz,
war die Dunkelheit des Berges,
Steine, Felsen, Sand und Quarz
und die Sicherheit der Ruhe,
die aus Festigkeit entsteht,
ohne Kleidung, ohne Schuhe
und dem Geist, der deshalb weht.

(20. Februar 2002)

Alter Zorn

Wage es, dich zu erheben
aus dem Dunkel deiner Nacht,
nicht einmal das größte Beben
löst, was dich so hilflos macht.

Frauenbart und Katzenlärm,
Felsenwurzel, Bärensehnen,
Atem aus dem Fischgedärm,
Vogelspeichels Schnabelgähnen
sind die Glieder einer Kette,
die dereinst den Fenris band,
der sie gern zerrissen hätte,
doch bekam er nur die Hand
jenes Freundes und Verräters,
der auch als verschlagen galt,
und das Fesselband des Täters
wurde mit dem Fenris alt.

Unter Menschen war es dann
eher üblicher als selten,
daß oft der Verrat gewann
bei dem Streit um Ruhm und Welten.

Und so setzt sich hier wie dort
Hinterhalt und Lauersinn
als soziales Erbteil fort,
gut belohnt mit Zugewinn.

Freundschaft und Versprechen,
Ehrlichkeit, Gewissensmut,
Bündnisse, die brechen,
Sympathie und Liebesglut,
das sind die modernen Worte
für das böse Schwarzalbband,
ausgespien durch Asgards Pforte,
damit es die Menschheit fand.

Denn doch nur aus freien Stücken
kann ein Schwur verläßlich sein
und den Abgrund überbrücken,
der aus Lug und Trug und Schein
bis an den vertrauten Rand
immer noch das Pfand beschützt,
nämlich jenes Gottes Hand,
die nur den Verrätern nützt.

Wagst du also, frei und wild
mit dem Urverrat zu ringen,
dann zerschlag den Spiegelschild,
um den Irrtum zu bezwingen.

(17. März 2003)

Wölfe

Hecheln und winseln,
tapsen im Schnee,
Ruten, die pinseln;
strauchelndes Reh.

Das Jagen - vergeblich,
die Spuren dahin,
gefroren buchstäblich
der Speichel am Kinn.

Das Heulen und Klagen,
das grollende Stöhnen
kommt aus dem Magen,
den Schmerz zu versöhnen.

In dieser Nacht hatten
sie nichts in der Welt,
es herrschten die Schatten,
der Mond hat gebellt.

(30. November 1998)

Leise

Leise tret' ich aus der Quelle
in den Mahlstrom uns'rer Zeit,
eine Reise auf die Schnelle
zu dem Schmerz, der nach mir schreit.

Sehe haltlose Versprechen,
die die toten Wuchten binden
und Gestalten lautlos brechen,
wenn sie dann die Wahrheit finden.

Spüre Narben, frische Wunden
und die Furcht, die Körper hetzt,
denn entdeckt oder gefunden
werden sie nicht nur verletzt.

Schlimmeres ist zu erwarten
in der engen Wirklichkeit,
Peinlichkeiten vieler Arten,
und die Not der Körper schreit.

Von dem Fuß bis zum Gedärm,
von den Haaren bis zur Brust
schafft mithin der große Lärm
Wechselstoff und Dauerfrust,
der sich anpaßt irgendwann
dem, was sonst von außen drängt,
so daß Überleben dann
nur am Band des Zufalls hängt.

Überleben, immerhin,
hat in diesem Höllenkreis
fast genau denselben Sinn
wie beim Mittagsmahl der Reis,

denn ein ganz klein wenig weiter
bringt er in dem Zwangsgefüge
einem Flüchtenden die Leiter,
und der Seele tut 's Genüge.

Ich erinnere mich stark,
nur nicht mehr genau noch, wo,
war 's der Weg in einem Park
oder war 's ein Feld mit Stroh?
War 's auf einem Rathausplatz
oder in der Bahnstation?
Half mir dort ein kleiner Spatz
oder nur der Himmelston?

Es ging über den Verstand,
grad im Stampfen dieser Welt,
als ich dann den Jungen fand,
der aus jedem Rahmen fällt,
weil er lebt in tiefer Stille,
auch wenn vieles ihn bedroht,
drängt und eifert nicht sein Wille
und gerät in keine Not.

Meine Hand, die sucht die seine,
um uns tobt das Höllengrab,
und wir sind nicht mehr alleine.
Leise tret' ich mit ihm ab.

(8. April 2005)

Bete aufrecht

Brüll den Zorn dir von den Lippen,
zünde Luft und Schatten an,
preß die Wut mit deinen Rippen,
daß sie jeder sehen kann.

Laß dich nicht zur Sanftmut dimmen
oder gar zu tiefem Dank,
alles, was dir Engelsstimmen
sagen können, das macht krank.

Schlage, schneide, stech mit Worten,
wie der Tod das Leben jätet,
und du herrschst an allen Orten,
denn du hast fürwahr gebetet.

(25. April 2006)

Wer sagt ...

Wer sagt, daß sie betteln müssen,
untergeben und devot,
gute Bürgerschuhe küssen,
und das nicht im gleichen Boot?

Und daß es nicht anders ginge,
als wie sie zu vegetieren,
mit dem Hals in einer Schlinge
und geduckt auf allen Vieren?

Wer sagt, all die Schmerzen dieser,
welche schon am Ende sind,
machen and'rer Leben mieser,
ihrer Pflicht und Einsicht blind?

Wer sagt, daß Sozialverlierer
ohne Arbeit oder süchtig,
Skateboard-Kids und Wändeschmierer
alles wären, nur nicht tüchtig?

Wer sagt, daß wir Regeln brauchen
gegen alles, was uns stört,
gegen Drogen oder Rauchen,
gegen jeden, der nicht hört?

Wer sagt, die Gesetze sollten
immer härter sein mit denen,
die nie etwas and'res wollten,
als sich dauernd aufzulehnen?

Wer sagt, daß nicht die Gesetze
und die ganze Repression
und mit ihr die Bürgerhetze
Kernpunkt sind der Illusion,
die verkennt, daß ihre Macht
was sie antritt zu verbiegen,
bei den Schwächsten grad entfacht,
sie am Ende zu besiegen.

(6. Mai 2006)

Eisentanz und Firlefanz

Ein Firlefanz, das weißt du doch,
hat furchtbar viel zu lachen,
und das tut er dann immer noch,
wenn and're Ärger machen.

So hat einmal ein Muskelprotz
sein Restgesicht verloren
und zeigt' die Wut, dem Schmerz zum Trotz,
an seinen roten Ohren.

Das hat der Firlefanz geseh'n
und hat "oh weh, oh weh" gedacht,
"wie konnte sowas nur gescheh'n",
hat dabei aber laut gelacht.

Was sollte Muskelprotz da denken,
er hatte seine eig'ne Art,
und wollte Fanz den Arm ausrenken,
denn er war fürchterlich in Fahrt.

Doch Firlefanz, der konnte nicht
sein Lachen schnell beenden,
und in des Protzes Restgesicht
begann sich was zu wenden.

Der Muskelprotz hat dann erkannt,
und das fast um's Verrecken,
wie sehr er sich doch selbst entspannt,
läßt er sich einmal necken.

Weil es ihm nicht gelingen sollte,
dem Lachen zu entflieh'n,
als er den Fanz vertrimmen wollte,
da hat er ihm verzieh'n.

Statt schwitzen auf der Fitneßbank
wird Protz was Neues üben,
er lacht sich einfach nur noch krank
und nichts kann ihn betrüben.

Und Firlefanz hat zugelernt
auf seinen Freizeitreisen
und sich vom Fitneßsport entfernt,
denn Lachen stirbt am Eisen.

(27. Dezember 2004)

Menschenrecht

Ein Mensch als Lebewesen
hat lebenslang das volle Recht,
aus der Natur zu lesen,
daß es ihm gut geht und nicht schlecht.

Daß man ihn liebt und achtet
und ihn behandelt mit Respekt,
ihn nicht mit Last befrachtet
und seinen bösen Kern erweckt.

Daß er mit seiner Lebensbürde
niemals allein ist und verdammt
und selbstverständlich seine Würde
durch nichts verletzt wird und verschrammt.

Daß er nicht hungert oder friert
und ein Zuhause ihm nicht fehlt,
daß er an keiner Not krepiert
und Schmerz und Armut ihn nicht quält.

Ein jedes kindliche Gemüt
wünscht sich, wenn auch nicht allzu offen,
daß Liebe unter Menschen blüht
und nicht nur Sehnen oder Hoffen.

Denn jeder Mensch hat unbestritten
auf all das Gute doch ein Recht,
auch niemanden darum zu bitten,
der zu besitzen sich erfrecht.

Kurz, daß er gut geborgen sei
in all seinen Belangen,
von Wettstreit und Geschäften frei,
von Fesseln und von Zangen.

Denn Liebe, Achtung und Respekt
begründen jedes Menschenleben,
nur keine Hand, die sich nicht streckt,
sie zu bekommen - nicht zu geben.

(5. Juni 2001)

Das Lied

Ach, du Gott der Elemente,
ach, du Stärke ohne Maß,
Träger aller Urtalente,
ungebroch'ner Lebensspaß.

Strahlend in das Licht geboren
als der pure Tatendrang,
von der Allmacht auserkoren,
und der Welten Lobgesang.

Deine Kraft und deine Stärke
finden ihresgleichen nicht,
unzerstörbar deine Werke
aus dem Willen ohne Pflicht.

Könnte ich dich doch beschreiben,
würde niemand es versteh'n.
Nicht einmal durch Untertreiben
ließe sich dein Ende seh'n.

Nur an allerhöchster Stelle
wächst du aus zur Übermacht,
auf des Sieges steiler Welle,
in der großen Schicksalsschlacht.

Solltest du, dem Schein zuwider,
dennoch fallen von der Leiter,
gibt es noch die Heldenlieder,
und die Sagen leben weiter.

Und infolge solcher Lieder
wird der Mensch nichts andres treiben,
als dich untertänigst wieder
bitten, auf dem Thron zu bleiben.

Wann nur kommt das Menschenreich,
das sich seiner selbst annähme
und sich löst aus dem Vergleich -
Götter haben auch Probleme.

(1996)

Sturm

Welche Freundschaft und Umarmung,
wenn der Sturm die Wolken weht,
und der Himmel ohne Warnung
immer wieder neu entsteht.

Welches Treffen alter Wesen,
urverbunden, wortlos echt,
hab'n die Zukunft schon gelesen
vor dem menschlichen Geschlecht.

(Herbst 1986)

Wegzehrung

An einer langen Straße,
da steht ein altes Haus;
es lebt der Zeit zum Fraße
und sieht auch danach aus.

Man stampft das Haus zusammen
und baut aus dem Gestein
die lange Straße weiter
und Häuser hinterdrein.

(27. Juni 1996)

Über den Autor

Helmut Barthel, geboren 1951 in Hamburg, schreibt seit seinem achten Lebensjahr. Sein beeindruckendes Werk umfaßt heute weitmehr als 1000 Gedichte und zwei Serien von über 100 Kurzerzählungen über bedeutende Religionsstifter und Philosophen von der Antike bis in die Gegenwart. 2015 erschien der erste Teil seines Romans "Zauber kalt", dem zwei weitere folgen sollen. Die beiden Bände "Dichterstube, Kehricht Band 1 und 2" enthalten alle weiteren Gedichte verschiedenster Formate und Aphorismen, die in den fünf Büchern "Lyrik-Lesung" noch nicht veröffentlicht wurden. Verbliebenes vom Feinsten!

Helmut Barthel arbeitet als Verleger und Chefredakteur des Schattenblick und ist Verfasser nachhaltiger Fachartikel in den Bereichen Politik, Kultur, Philosophie und Sport. Seine Leidenschaft gilt der deutschen Sprache, besonders in verdichteter Gestalt.

Lyrik-Lesungen
Dichterstuben

Eine Auswahl

von Helmut Barthel

im Kulturcafé Komm du

Lyrik-Lesung 1
vom 29. Mai 2013
ISBN 978-3-925718-29-8

Lyrik-Lesung 2
vom 7. August 2013
ISBN 978-3-925718-30-4

Lyrik-Lesung 3
vom 30. Oktober 2013
ISBN 978-3-925718-31-1

Lyrik-Lesung 4
vom 4. Dezember 2013
ISBN 978-3-925718-32-8

Lyrik-Lesung 5
vom 12. Februar 2014
ISBN 978-3-925718-33-5

Dichterstube

Kehricht
Band 1 und 2
von Helmut Barthel

Kehricht und Fegen,
zum Entsorgen frei.
Doch halt! Von wegen!
Noch ist was dabei.

Es mahnt mich an Reste
und mein langer Blick
eröffnet das Beste
vom Dichtergeschick.

(H.B.)

Band 1: ISBN 978-3-925718-26-7
Band 2: ISBN 978-3-925718-27-4